FELICIDAD DE MÉXICO

CENTENARIO DE LA CORONACIÓN DE MARÍA SEÑORA DE GUADALUPE

A mis padres entre dos octubres, 1945 y 1995

FAUSTO ZERÓN-MEDINA

FELICIDAD DE MÉXICO

CENTENARIO DE LA CORONACIÓN DE MARÍA
SEÑORA DE GUADALUPE

AGRADECEMOS A LAS SIGUIENTES PERSONAS SU COLABORACIÓN:

José Abel Ramos, Nora Alarcón de Ricalde, Alfredo Arambarri Olarte, José Antonio Arias, Virginia Armella de Aspe, Sandra Benito, Claudia Castañeda, Teresa Castelló Yturbide, Alejandro Castruita, Lourdes Chumacero, José Ignacio Conde, Ana María Cortés Nava, Mauricio de la Paz, José María de Mena, Jaime del Arenal Fenochio, Carlos Deveaux, Paz Echeñique Pascal, Xavier Escalada, Marcela Fuentes-Berain, Ana García Bergua, Manuel García Ponce, Ricardo García y García, Jorge Guadarrama, Teresa Gurza Orvañanos, Xavier Guzmán Urbiola, Raquel Huerta-Nava, Melida Martha Quintanilla, José Laris Iturbide, Antonio López Sáenz, Ana Martínez Duhart, Salvador Méndez Arceo, Marcela Noguez, Bertha Padilla, José Pérez de Salazar, Ricardo Pérez Escamilla, José Manuel Porras Navarro, Manuel Ramos Medina, Francisco Reyes Palma, Armando Ríos, Héctor Rivero Borrell, Rodrigo Rivero Lake, Jesús Robles Martínez, María Teresa Rodríguez Narganez, Diana Roldán, Alejandro Rosas Robles, Javier Ruiloba, Elena Sánchez-Mejorada, Carmen Saucedo Zarco, Guillermo Schulemburg, Silvia Sentíez, Felipe Siegel, Anna y Andrés Siegel, Carlos Silva Cázares, María de los Ángeles Suárez del Solar, Sergio Toledano, Ignacio Vasconcelos, Beatriz Vidal, José Manuel Villalpando César, Ignacio Villaseñor Arano, Alfredo Zalce

Diseño: Álvaro Figueroa
Coordinación de investigación iconográfica: Jeannette Porras
Investigación iconográfica: Cristina García Pozo
Adaptación editorial: Fernando García Ramírez
Edición de textos: Rossana Reyes
Producción editorial: Héctor Toledano
Fotografía: Fernando González Padilla, Sergio Toledano, Víctor Gayol, Rafael Doniz, Dietrich Graf, Javier Hinojosa, Lourdes Almeida, Gerardo Suter, José Ignacio González Manterola, Pablo Oseguera Iturbide, José Antonio Romo, Archivo Fotográfico Azabache

© Fausto Zerón-Medina
D.R.© Editorial Clío, Libros y Videos, S.A. de C.V.
1ª edición, México, 1995.
ISBN 968-6932-70-4
Impreso en México

PORTADA: VIRGEN DE GUADALUPE, PINTADA POR MIGUEL CABRERA

Índice

*...el hombre encuentra su sitio junto
a Cristo por medio de María...*
JUAN PABLO II

En 1995, a casi dos mil años del nacimiento de Cristo —nombre que significa el ungido y equivale en griego a la palabra hebrea mesías—, se conmemoran cien de la coronación pontificia de la imagen de Santa María de Guadalupe. *Felicidad de México,* la llamó en 1666 Luis Becerra Tanco, un profesor mexicano de matemáticas y astrología.

El nombre de Cristo y el de María están ligados en dos mil años de historia católica de modo indisoluble. Cristo Jesús, proclamado el Hijo de Dios hecho hombre, la segunda persona de la Santísima Trinidad, tomó su carne de María y unida a ella justificó una ininterrumpida tradi-

ción que la venera como Madre de Dios y es origen de todos los privilegios que la fe le atribuye.

En 1994, el papa Juan Pablo II refrendó que "la verdadera devoción a la Madre de Dios es ... cristocéntrica, ... que está profundamente radicada en el Misterio trinitario de Dios, y en los misterios de la Encarnación y la Redención".

> María [escribió el Papa] es la nueva Eva, que Dios pone ante el nuevo Adán-Cristo, comenzando por la Anunciación, a través de la noche del Nacimiento en Belén, el banquete de bodas en Caná de Galilea, la Cruz sobre el Gólgota, hasta el cenáculo del Pentecostés: la Madre de Cristo Redentor es Madre de la Iglesia.

María es una evocación milenaria. De acuerdo con la Sagrada Escritura y la tradición, después de que se cumplen en ella las profecías sobre el Mesías prometido al pueblo de Israel, le sobrevive a su hijo para recibir, junto con los apóstoles, al Espíritu Santo. Al morir obtiene el privilegio de ser transportada en cuerpo y alma al cielo, como "especial participación de la Madre de Dios en la Resurrección y en la Gloria de su propio Hijo".

El evangelista Lucas se refiere a "una virgen desposada con un varón de nombre José, de la familia de David. El nombre de la virgen era María." Su esposo José es descendiente de una familia de patriarcas y reyes cuya genealogía en el Evangelio según Mateo alcanza cuarenta y dos generaciones y setenta y seis en el escrito por Lucas; ella, en cambio, es mencionada por la tradición solamente como la hija de dos ancianos, Joaquín y Ana, y como la prima de Isabel, madre de Juan el Bautista, precursor del anuncio gozoso.

Un rasgo de humildad acompaña siempre la figura de María. No sólo porque se omita enlistar a sus antepasados; de hecho, los comentaristas de la Sagrada Escritura señalan que también descendía del rey David. Ella misma se llamó esclava en cuya humildad había puesto Dios sus ojos. No obstante, el sitio que ocupa María en la historia judeo-cristiana es sobresaliente. Su figura aparece sugerida desde el llamado protoevangelio —capítulo tercero del Génesis—, hasta el Apocalipsis, último de los libros sagrados.

Los primeros años de la predicación del Evangelio, después de la muerte de Jesús, atestiguan el desarrollo de una tierna veneración a la Madre de Dios. Se afianza por ella un culto especial que se llamó de *hiperdulía* o de mayor honor, diferente del de adoración o de *latría* que, conforme a la práctica cristiana, se debe sólo a Dios.

El papel de María como intercesora ante su Hijo, y mediadora entre él y los hombres, se remonta al primer milagro de Cristo consignado en el Evangelio escrito por Juan:

Tuvo lugar una boda en Caná de Galilea. Y la madre de Jesús se encontraba allí. Fue también invitado a la boda Jesús con sus discípulos. Y como se acabara el vino, la madre de Jesús le dijo: no les queda vino. Respóndele Jesús: Mujer, ¿qué nos va a mí y a ti? No ha llegado mi hora todavía. La madre de Jesús dice a los criados: Haced cuanto él os ordene. Había ahí seis tinajas de agua desti-nadas para la purificación de los judíos, con capacidad cada una de dos a tres metretas (unos cien litros). Díceles Jesús: Llenad de agua las tinajas. Y las llenaron hasta el borde. Luego les ordenó Jesús: Extraed de ellas y presen-tadlo al maestresala. Así lo hicieron.

Apenas gustó el maestresala el agua convertida en vino —él no sabía de dónde procedía ... con éste inició sus signos en Caná de Galilea.

El mensaje cristiano encarnó la satisfacción de una promesa tan antigua como el origen bíblico del hombre: su redención. Para cumplirla, Dios le había entregado a Cristo, su Hijo, convirtiéndolo en el eje de una historia. Dio nombre a una era: la nuestra, la cristiana. De igual modo, su concepción y nacimiento vinculó a María con la salvación de los hombres y la convirtió también en elemento destacado de nuestra cultura.

Para muchos padres y doctores de la Iglesia, María fue la mujer que se anuncia en el Génesis. "La muerte vino por Eva, la vida por María", afirmó junto con otros padres de la Iglesia Ireneo de Lyon, y concluyó: "por su obediencia fue causa de la salvación propia y de la de todo el género humano", como se recuerda en esa oración antigua que es el *Magnificat.*

Obediencia a ser Madre de Dios. Con ello, para los cristianos, se inauguró la plenitud de los tiempos.

María queda así asociada con Cristo en su obra redentora: primero en la tierra, y después de su muerte, en el cielo. Por su maternidad divina, libremente aceptada. Por haber sufrido con Jesús los tormentos de la muerte. Por su intercesión desde los cielos, donde, de acuerdo con la misma doctrina de la Iglesia, cuida de la salvación y es canal de todas las gracias que llegan a los hombres. El Concilio Vaticano II declaró que "sobresale entre los humildes y los pobres del Señor, que esperan de él con confianza la salvación y la acogen ... con ella ... se cumple el plazo y se inaugura el nuevo plan de salvación".

Desde los primeros siglos de su propagación, el cristianismo practicó el amor a María. Los primeros cristianos guardaron su figura como podemos hoy verla en las catacumbas, donde practicaban su fe ocultándose de los poderes del Imperio Romano. La representaron usando diferentes técnicas y materiales como la pintura y el mosaico. Desde entonces se fueron incorporando a la figura de María los gustos de cada época y las fisonomías de los grupos que la representaban, mostrándola en medio de sus paisajes, con sus usos

y costumbres. Su culto llegó también a fundirse algunas veces con el sentimiento nacional o regional de algunos pueblos, como es el caso de Jasna Góra en Polonia, Guadalupe en México o Lourdes en Francia.

María, la misma siempre, proclamada Madre de Dios por la Iglesia en los concilios de Éfeso y II y III de Constantinopla, ha sido reconocida en dos milenios por muchos nombres y títulos, llamada de muchas maneras. Nacieron así sus diversas advocaciones. En el Evangelio, Lucas le dice llena de gracia, bendita entre las mujeres. Bernardo de Claraval la tituló estrella del mar y se dice que le compuso un tierno y antiguo reclamo conocido como el *Acordaos*. Dante en

su *Divina Comedia* la nombró "Hija de tu propio Hijo", "soberana luz". En sus oraciones y en sus fiestas, los cristianos la consideraron Santa, la invocaron como Madre, la reconocieron Virgen, la declararon Espejo de Justicia, Sede de la Sabiduría, Vaso Insigne de Devoción, Rosa Mística, Torre de David, Casa de Oro, Arca de la Alianza, Puerta del Cielo, Salud de los Enfermos, Consuelo de los Afligidos. La coronaron Reina.

La piedad popularizó llamarla de mil modos, según el tiempo del calendario, los lugares y las necesidades de la gente; también repitió una oración que la saluda y sintetiza en ella alabanza y ruego: el *Ave María.* Un día de la semana y un mes del año se dedicaron a su recuerdo: el sábado y el mes de mayo, mes de María.

A lo largo de dos milenios, se han pintado los momentos que componen su biografía: desde su nacimiento hasta su muerte y asunción al cielo aparece lo mismo gozosa que dolorosa o gloriosa. Algunas veces estas representaciones se han inspirado en el Evangelio, otras en tradiciones, muchas en simples leyendas piadosas.

Los concilios, los padres y doctores de la Iglesia preservaron lo importante y aclararon a los creyentes el sentido de su vida en relación con Cristo. Los teólogos la estudiaron y crearon una especialidad dedicada a ella: la Mariología. La liturgia de la Iglesia católica, tanto oriental como occidental, la celebra en fiestas en que une la memoria de la Madre a los misterios del Hijo. La Iglesia ve en María la figura femenina de su hogar; la venera jubilosa; ha declarado varios años *marianos;* fomenta su culto; la recuerda de modo incesante; la propone como ejemplo de fe, amor y perfecta unión con Cristo; y la considera "mujer que no dudó en proclamar que Dios es vindicador de los humildes y de los oprimidos y derriba de sus tronos a los poderosos del mundo".

Cuando en el siglo XIX el papa León XIII autorizó la coronación de la imagen de Santa María de Guadalupe, se sumó a los innumerables reconocimientos que la Iglesia había tributado a la Madre de Dios por casi dos milenios y que en muchos aspectos había compartido con las Iglesias ortodoxas, anglicana y algunas derivadas de la Reforma del siglo XVI. Sin excepción, los santos fueron devotos de María. Sus atributos han sido cantados en múltiples oraciones, cantos, invocaciones, jaculatorias y letanías; sus glorias, proclamadas en poemas y celebradas con música y múltiples fiestas populares.

Al mismo tiempo, León XIII regalaba a los mexicanos la satisfacción de un antiguo anhelo: ver coronar en un acto de solemnidad sin precedentes la imagen que entrañaba un componente esencial de su nacionalidad. Símbolo que unía de modo inconfundible la fe traída del viejo mundo con la florecida en el nuevo. En la historia de la salvación, la fe practicada por María ha sido vista por el catolicismo como el "comienzo de la Nueva Alianza", tal y como la de "Abraham constituye el comienzo de la Antigua Alianza". De modo semejante, la devoción que avasallaba a México lo unía de manera irrefutable a una de las tradiciones más acariciadas y celosamente guardadas por la piedad milenaria de la Iglesia: su veneración por María.

Et egredietur virga de radice Jesse
et flos de radice ejus ascendet. et
requiescet super eum Spiritus Dñi.

n y Ana eran dos justos ante Dios, cuyos mandamientos
aban con un corazón humilde y sano.

La madre de Dios no podía tener un nombre más conveniente,
María es aquella hermosa y luciente estrella, que brilla sobre
el vasto y borrascoso océano del mundo.
San Bernardo

Envió Dios al ángel Gabriel a Nazaret, ciudad de Galilea, a una
virgen desposada con cierto varón de la casa de David,
llamado José. El nombre de la virgen era María.

Dilectus meus. electus ex millibus. Totus desi-
derabilis. Cant. c. v. 10. 16.

Devocion del Bᵒ D. Lorenzo de los Angeles Roman Cura Beneficiado por su

He aquí la
esclava del
Señor; hágase en
mí según tu palabra.
Lucas 1, 38

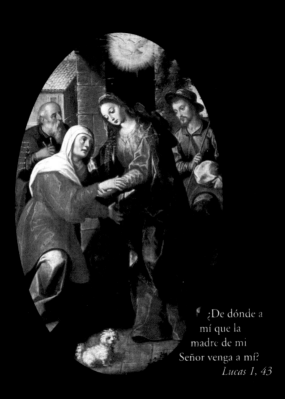

¿De dónde a
mí que la
madre de mi
Señor venga a mí?
Lucas 1, 43

Ved que la
Virgen concebirá
y dará a luz un
hijo y le pondrán
por nombre
Emmanuel, que
significa: Dios
con nosotros.
Mateo 1, 23

GLORIA INEXCELSIS

El Verbo se hizo carne y habitó entre nosotros.
Juan 1, 14

María guardaba todas estas cosas, y las meditaba en su corazón.
Lucas 2, 19

Éste está puesto para caída y elevación de muchos en Israel,
y para ser señal de contradicción, ¡y a ti una espada

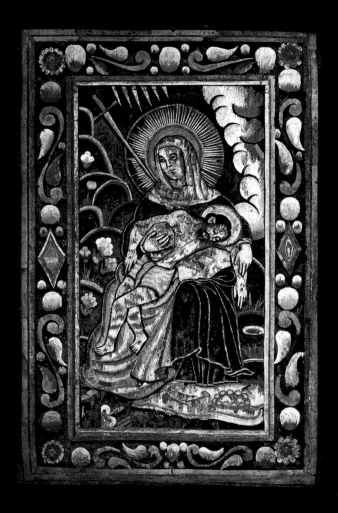

Con ella se cumple el plazo y se inaugura el nuevo plan de salvación.

Como especial participación de la Madre de Dios en la
Resurrección y en la Gloria de su propio Hijo, María
es transportada en cuerpo y alma al cielo.

María, todo es María
María, todo es por Vos,
toda la noche y el día
se me van pensando en Vos.
COPLAS POPULARES CANTADAS EN AMÉRICA

"Dios y Santa María y Sevilla!"
Cuenta Bernal Díaz del Castillo
que éste fue el grito con que el
náufrago Jerónimo de Aguilar, andaluz, uno de los
forjadores de nuestro mestizaje, transformado en
un nativo, se identificó frente a los hombres de
Hernán Cortés para que lo reconocieran como her-
mano de raza. Sus tres palabras marcaron nuestra
tierra para siempre y sintetizan el modo en que el
viejo mundo de Europa llegó al *nuevo* de América.

En efecto, la devoción a María
llegó a la tierra que hoy es México
antes de la conquista. Se dice que
cuando Jerónimo de Aguilar
naufragó en 1511 llevaba consigo el libro de horas
en honor de la Virgen Santísima. Durante los ocho
años que duró su cautiverio, lo guardó con él y lo

rezó constantemente. Los pobladores de la región de Chetumal, en donde vivió esos años, lo admiraban por su piedad y su vida caracterizada por la castidad, rasgos que hacen pensar en el seguimiento del ejemplo de María, y que una vez reunido con los españoles en Cozumel, "aconsejaba [constantemente a los caciques de ese lugar para] que siempre tuviesen devoción y reverencia a la santa imagen de Nuestra Señora y a la Cruz, que conocieran que por

allí les vendría mucho bien".

"Dios te salve, Reina y Madre de misericordia; vida, dulzura y esperanza nuestra, Dios te salve", exclamaron los marinos de Cristóbal Colón al ver por primera vez las tierras de América, como se cuenta lo hacían cada noche durante los más de dos meses que alcanzó la azarosa travesía en 1492.

El descubrimiento se llevó a cabo bajo la protección de Nuestra Señora, ante cuya imagen en el monasterio de la Rábida se había postrado la tripulación antes de zarpar. *Santa María* fue el nombre de la nave capitana. Cristóbal Colón mandó que le fuera puesto en lugar del que antes llevaba la carabela y también que se bordara una bandera con las efigies de Cristo y su Madre. En el siglo XVI, un poeta español mudado a México, Hernán González de Eslava, escribió:

... Dime tú,
¿estas naos van al Pirú?
—Sabed que van a Belén
que son las Indias del bien
que nos descubrió Jesú.
—¿Quién en la Nao capitana
que lleva tal compañía?
—Es la bendita María,
hija de Joaquín y Ana.
—Oh Princesa soberana,
de Vos diré este loor:
¡Esta Nave se lleva la Flor,
que las otras no!

El destino vino a reforzar la piedad mariana de Cristóbal Colón. Encontró tierra en la fiesta de la Virgen del Pilar, un 12 de octubre. Ya sobre suelo americano, sus actos en honor de María se multiplicaron. Puso a una isla, a un puerto natural y a una ciudad el nombre de Concepción; a un mar le puso de Nuestra Señora; la primera misa en el continente se celebró en la capilla que dedicó a la

Virgen de la Merced y en su diario de viaje dejó escritas sus promesas de visitar como peregrino los santuarios de Guadalupe y Cinta en España, y de Loreto en Italia.

Por su parte, los cronistas dan cuenta de visiones y apariciones de María ligadas a la conversión de los nativos y al cuidado de la Madre de Dios sobre la empresa que acometían.

A partir de entonces, y más aún cuando treinta años después se conquistó México, María cruzó el Atlántico hacia América vestida con distintas ropas e invocada con diversos nombres. La *Historia verdadera de la conquista de Nueva España* da fe de la devoción mariana de Hernán Cortés y sus acompañantes, de las capillas en que colocó su imagen y

la difusión que hizo de su culto.

Hay testimonios del modo en que los pobladores originarios hicieron suyas algunas de tales imágenes. Bartolomé de las Casas cuenta cómo al intentar substituir por otra la ima-

gen de Nuestra Señora de la
Caridad del Cobre, que según la
tradición Alonso de Ojeda había
regalado a un grupo de
pobladores autóctonos de la isla
de Cuba, éstos la tomaron consigo y huyeron con ella a los
montes para evitar perderla.

Todos, evangelizadores,
militares y civiles, se
encargaron de traer a
María al nuevo mundo.
Cada uno lo hizo a su
manera, pero entre todos
convirtieron la devoción mariana en parte de la cultura transportada a estas tierras. Entre todos for-
jaron un vínculo que caracterizaría, de ahí en ade-
lante, la unión entre los dos mundos enfrentados.

En las advocaciones de María se observan el trabajo pastoral de ciertas órdenes religiosas y las
devociones marianas de sus fundadores. Los
dominicos difundieron el culto a Nuestra Señora
del Rosario y el rezo cotidiano del mismo. Con frecuencia se les llamaba con el sobrenombre de "los
frailes de la Virgen María".

Tanto los franciscanos como los agustinos
propagaron el culto a varias advocaciones de la

Virgen; la Purísima o Inmaculada Concepción de María, su Asunción a los cielos o su condición de Reina de los Ángeles. Lo mismo hicieron los jesuitas, quienes además eran devotos de la Virgen de Loreto; ellos divulgaron en sus escuelas el culto mariano y fundaron las congregaciones marianas que al terminar el siglo XVII eran no menos de diecinueve en el país. Los mercedarios, la propia de la Merced, liberadora de los esclavos. Los carmelitas, Nuestra Señora del Carmen, mediadora de la gracia sabatina. Los betlemitas, nacidos ya en América, Nuestra Señora de Belén.

Se dio lugar a una costumbre, la de identificar a María con los nombres de las poblaciones autóctonas. En el milenario culto mariano resonaron nombres locales: Nuestra Señora de Zapopan, de Guanajuato, de Ocotlán, de Zacatecas, de Izamal, de Juquila, de la Soledad de Oaxaca, de Cosamaloapan, de los Dolores de Acatzingo, la Virgencita de Talpa. Todas ellas son muestras de una espontánea yuxtaposición del castellano a las lenguas indígenas.

Muchas imágenes fueron fabricadas en su tierra de adopción por manos indígenas, a veces con técnicas artesanales prehispánicas usadas para los cultos autóctonos. Tal es el caso de Nuestra Señora de la Salud, venerada en Pátzcuaro, que se moldeó bajo el cuidado del obispo de Michoacán Vasco de Quiroga con pasta de médula de caña de maíz. Con el mismo material se elaboró la escultura de la Virgen de Zapopan. Algunas conservaron el cuerpo traído de España y se les dotó de nuevo rostro, como se dice de la Virgen de la Asunción venerada en el templo de Santa María la Redonda en la ciudad de México.

Algunas regiones del viejo mundo destacaron por la honda huella que dejaron en el culto a María. Así lo hizo, como lo gritó Jerónimo de Aguilar, Sevilla. La Andalucía mariana quedó grabada en muchos rasgos que aún perduran. La Virgen de los Remedios fue emblema de Cortés y objeto durante años del fervor de los españoles indianos. Su santuario, en la margen derecha del Guadalquivir junto a la Torre del Oro, era el punto

de encuentro y despedida de los marinos que viajaban entre Veracruz y Sevilla. Llegaron también varias soledades y dolorosas de la Semana Santa.

Para rogar la protección de la Madre de Cristo durante las largas y accidentadas travesías, Alejo Fernández pintó al empezar el siglo XVI la Virgen de los Mareantes que estuvo expuesta en la Casa de Contratación en Sevilla. Bajo su manto imploran su ayuda Carlos V, Cristóbal Colón y los hermanos Pinzón, encabezando a los marineros. Muchos barcos llevaban pinturas en las que se reproducía la imagen venerada en la catedral sevillana de Nuestra Señora de la Antigua. Con su nombre se consagró la catedral de la primera diócesis en América.

Otras imágenes llegaron a México como testimonio o repetición de los prodigios que se contaban ocurridos durante el dominio árabe en España. De Nuestra Señora de Guanajuato se dice que vino de Andalucía, por encargo de Carlos V, a ser celebrada en tierras del Bajío mexicano. Según la tradición, había sido originalmente enterrada por varios siglos en Santa Fe de Granada para librarla de la destrucción iconoclasta de los musulmanes, igual que las Vírgenes de Montserrat en Cataluña o de Guadalupe y Peña de Francia en Extremadura. Se cuenta que, concluida la reconquista en 1492, revelaciones milagrosas hicieron saber de su paradero, y entonces salió de nuevo a la veneración. Así también señala la tradición que fue

encontrada la Virgen de los Remedios, después de haber sido oculta para evitar su destrucción, tras la derrota de los españoles durante la Noche Triste en Tenochtitlan.

*

Si María llegó traída por los conquistadores, los evangelizadores y los

emigrantes desde Europa, y su culto vino precedido por la fama de sus prodigios y milagros, México envió a Europa la más grande de las famas, el más sonado de los portentos, "consuelo y devoción universal" de estas tierras, "dulce imán de los afectos de todos los Americanos": Santa María de Guadalupe. Esta veneración fue bien recibida por los medios oficiales de España debido a la lucha por que prevaleciera una visión favorable al culto mariano tradicional, en contra de las tendencias esparcidas por la Reforma, que lo relegaban.

En México el suelo más fértil había sido para la devoción guadalupana. Bernardino de Sahagún deja constancia de esto cuando escribe: "En todas partes hay muchas iglesias de Nuestra Señora, y no van a ellas, vienen de lejanas tierras a esta Tonantzin como antiguamente". Su mención de Tonantzin se debe a que el santuario de esta diosa prehispánica se encontraba en el Tepeyac, el mismo sitio donde se veneraba a la Virgen de Guadalupe, y porque "los predicadores ... a nuestra Señora la Madre de Dios llaman Tonantzin". El mismo Sahagún se refiere a esta deidad prehispánica como la madre de los dioses, cuyo nombre dice que significa nuestra madre. Otros afirman que quiere decir nuestra madre venerada, y remontan su culto en este mismo lugar a dos mil quinientos años.

Santa María de Guadalupe pudo unir, en admirable coincidencia, la veneración prehispánica a la maternidad con el culto milenario a la Madre de Cristo, intercesora ante su Hijo y mediadora entre Dios y los hombres. Buen número de historiadores coincide en reconocer en ello un encuentro de tradiciones, una creación colectiva y singular de la Nueva España, una expresión cargada de valores bíblicos, símbolos pre-hispánicos, mundo ibérico y catolicismo mediterráneo que la convertían en devoción de españoles, indios, criollos, mestizos, mulatos, ricos y pobres.

Su presencia aparece definitiva en el proceso de evangelización. Su nombre marca el principio de la era cristiana en México y queda, desde entonces, como embrión de la nueva nacionalidad.

En la vieja España, en Extremadura, se veneraba una imagen con el mismo nombre, pero su aspecto nada tenía que ver con la de México. Al mismo

tiempo que el culto a la de aquí se convertía cada vez más en algo propio, que distinguía, diferenciaba y enorgullecía al nativo de tierras novohispanas, surgía como lazo con los habitantes del viejo mundo católico, pues se trataba de una devoción mariana, tan querida por ellos.

Devoción proveedora de identidad, signo usado como símbolo de lo propio, contiene, en la rica tradición cristiana que recoge, un vínculo de unidad profundo.

Entonces el Atlántico atestiguó el fenómeno inverso al tránsito mariano desde España. De México llegaron imágenes guadalupanas para ser veneradas en la tierra de los conquistadores. En Sevilla, en los años del virreinato, llegaron a venerarse imágenes de la Virgen de Guadalupe en por lo menos ocho sitios: los conventos de San Leandro, de Santa Paula, de Santa Ana y de Teresa, y los templos de San Nicolás, de San Onofre, de Santa María la Blanca y de San Martín.

Tan usuales se hicieron esos traslados, que se consagró con el nombre de "la guadalupana" el armario situado en la cámara del almirante en la nave capitana, en el que viajaba la Virgen de Guadalupe. De Sevilla era la familia Bucareli, a la que pertenecía un virrey de la Nueva España cuyo cadáver reposa en una de las naves de la antigua Basílica, en el Tepeyac. Fueron tan notables propagadores de la devoción guadalupana en su lugar de origen, que existe la leyenda de que al morir el último de ellos, la Virgen de Guadalupe lloró lágrimas verdaderas en los retablos de la ciudad. Hoy se calcula en cien el número de imágenes guadalupanas que se veneran en Sevilla.

El vínculo celestial estaba dado. Miguel Sánchez, un teólogo nacido a fines del siglo XVI, recogió las tradiciones orales que había sobre las cinco apariciones maravillosas de María en el Tepeyac al indio Juan Diego, en 1531, y publicó su relato en 1648. En un lengua-

je de suave ingenuidad y ternura, Sánchez no sólo
nos legó los pormenores de aquellos milagrosos
encuentros, que en México todo niño conoce y celebra desde su más tierna infancia, sino que colocó
la piedra fundadora del patriotismo de los primeros
mexicanos.

Cuando un siglo después el jesuita Juan
Francisco López repetía estos relatos al papa
Benedicto XIV, al llegar al punto de la última de las apariciones en que se dice
"descubrió la limpia manta para pre-
sentar el regalo del cielo al venturo-
so obispo", López dijo al Papa, al
tiempo que le mostraba una copia
de la imagen pintada por Miguel

Cabrera: "Beatísimo padre, he aquí a la Madre de Dios, que se dignó también ser madre de los mexicanos." Se cuenta que el Papa, conmovido, se postró reverente y pronunció las palabras que el salmo 147 dedica al pueblo judío para celebrar que ha regresado de su cautiverio en Babilonia, ha fortificado Jerusalén, ha vencido a sus enemigos de la región y empieza a disfrutar de la paz y la abundancia: *Non fecit taliter omni nationi* —no ha hecho otro tanto con las demás naciones.

Al comentar las prodigiosas apariciones de que había sido divulgador, Sánchez escribió "que todos los trabajos, todas las penas, todos los sinsabores que pueda tener México se olvidan y se remedian, recompensan y alivian con que aparezca en esta tierra y salga de ella, como de su misterioso y acertado dibujo, la Semejanza de Dios, la Imagen de Dios, que es María en su Santa Imagen de nuestra mexicana Guadalupe".

En su *Diario de viaje* Colón dejó escrita su promesa de visitar a la Virgen María.

Los dominicos difundieron el culto a Nuestra Señora del Rosario y el rezo cotidiano del mismo.

Por su veneración a Nuestra Señora del Rosario, a los dominicos se les conoció como los frailes de la Virgen María.

En las advocaciones de María se observa el trabajo pastoral de los evangelizadores.

N. SEÑORA DE MONTECARMELO

LLENA DE GRACIA

LABOR VINCIT OMNIA

María, la misma siempre, ha sido reconocida en dos milenios por
muchos nombres y títulos, llamada de muchas maneras.
Nacieron así sus diversas advocaciones.

Se dio la costumbre de identificar a María con los nombres de las poblaciones autóctonas, como la Virgen de la Soledad de Oaxaca.

Los carmelitas divulgaron el culto a Nuestra Señora del Carmen, mediadora de la gracia sabatina.

La Virgen, vínculo que caracterizaría la unión entre los dos mundos enfrentados.

Los jesuitas divulgaron el culto a la Virgen en sus escuelas y fundaron las congregaciones marianas.

AD DEI MAYO GLO- RIAM

A Devocion de Dⁿ Manuel del Caftillo Buftamante, año d 1772.

Madre Virgen y Señora, pues que
Pasiona la ostentas libra Ml louo ynfer
nah el Rosario ... aqui pareciitos abril año
... 1749 ...

Hay testimonios del modo en que los pobladores originarios hicieron suyas algunas de las imágenes de la Virgen.

La primera misa en el continente se celebró en la capilla que Cristóbal Colón dedicó a la Virgen de la Merced.

Serás en fin del Padre recibida
Como Hija, y del Hijo como Madre,
Y del divino Espíritu admitida
Cual su Esposa, y cual Hija de tal Padre;
Y porque a Hija y Madre tan querida
Y a Esposa tal el ornamento cuadre,
Hijo, Padre y Esposo en tu cabeza
Pondrán corona de imperial grandeza.
LA NUEVA CRISTIADA. CANTO SÉPTIMO

Es difícil precisar a cuánto tiempo se remonta la veneración de María como reina del universo. Una antigua tradición la propone coronada por la Santísima Trinidad después de su traslado al cielo en cuerpo y alma. Tanto el oriente como el occidente cristianos la representaron en imágenes o en esculturas con los atributos propios de una soberana.

El calendario litúrgico católico la ha recordado en el tiempo de Navidad como Madre del Rey y Reina de la paz, ofreciendo al Hijo, Príncipe de la

paz, a la adoración de los pastores y
los Reyes Magos. Después de la
Pascua y una vez celebrada su asunción al cielo, conmemora que "sentada
junto al Rey de los siglos, resplandece como Reina
e intercede como Madre". Se le asoció a un texto
del Antiguo Testamento en el libro Eclesiástico,
proveniente de la Biblia griega, que contiene un
discurso sobre la sabiduría:

> Yo salí de la boca del Altísimo,
>
> engendrada antes que toda criatura.
>
> Yo levanté mi tienda en las alturas,
>
> mi trono era una columna de nube.

A lo largo de los siglos, encontramos la realeza
de María en festividades y oraciones, invocaciones,
jaculatorias y alabanzas. De entre las prácticas con
carácter bíblico más antiguas y recomendadas por
el catolicismo, cabe recordar el rezo del *Angelus*.
Asociado con la mañana, el mediodía y la tarde,
trae a la memoria y capacidad contemplativa del

creyente el anuncio de la
Encarnación del Verbo Divino.
Durante el tiempo pascual, el
texto que comienza diciendo "El
Ángel del Señor anunció a
María...", se substituye por la antífona "Reina del
cielo, alégrate, aleluya..."

Del declinar de la Edad Media proviene una de las prácticas más extendidas entre los católicos, que recuerda y conmemora, en una de sus partes, la condición real de María: el Rosario. Esta costumbre, que llega hasta nuestros días, invita a contemplar en el decimoquinto y último misterio de la salvación —quinto dentro del ciclo de los llamados gloriosos— la coronación de María como Reina y Señora de cielos y tierra. El Rosario ha sido considerado "compendio de todo el Evangelio" y se atribuye el origen de su devoción a Domingo de Guzmán, fundador de los dominicos o predicadores, que vivió entre el siglo XII y el XIII y lo recibió, de acuerdo con una tradición, de la misma Madre de Jesucristo, según se ha representado en numerosas obras de arte. Muchas de éstas hacen aparecer a María coronada. A esta devoción se asoció el triunfo de Juan de Austria en la Batalla de Lepanto contra los turcos en 1571, que se conmemoró con la advocación de María como Nuestra Señora de las Victorias, después del Rosario.

La piedad popular asoció al Rosario usos que no fueron considerados como parte del mismo, en sentido estricto, pero que no contradicen su espíritu. Así, el rezo de la *Salve*, que llama a María Reina de misericordia; o la recitación de las Letanías de Nuestra Señora o Lauretana —de Loreto— en donde doce veces se le menciona como Reina: de los ángeles, de los patriarcas, de los profetas, de los apóstoles, de los mártires, de las vírgenes, de los confesores, de todos los santos, concebida sin pecado original, asunta al cielo, del Rosario y de la paz.

Otro uso antiguo está ligado al rezo del Oficio Divino. Se trata de cuatro cantos en honor de María, llamados en conjunto Antífonas de Nuestra Señora, que se cantaban según la época del año. Los tres últimos inician con referencias a la realeza de María. *Ave Regina Coelorum* —Dios te salve Reina de los cielos—, *Regina Coeli* —Reina del cielo— y *Salve Regina* —Dios te salve Reina.

El reconocimiento de un católico hacia María como hijo y súbdito parece derivar de modo natural, a lo largo de varios siglos, de su atributo primero: la maternidad divina. Llamar a quien es Madre de Dios, a quien fue llena de gracia, a quien se concibió sin pecado original, a quien no pudo pecar, se conservó siempre virgen y fue llevada en cuerpo y alma junto a Dios, llamar a alguien así Madre, Señora,  Reina, Emperatriz o Princesa, parece natural a un creyente que no puede conceder menor título a quien aceptó ser Madre de su Creador y Redentor. La piedad popular en México le ha cantado por muchos años:

Adiós, reina del cielo,
madre del Salvador,
adiós, oh madre mía,
adiós, adiós, adiós.

Son innumerables las oraciones y fórmulas en que se reconoce a María como Reina. En ellas se compendia una larga tradición que determina su posición e intervención en el reino de Cristo. En este reino se le ha considerado siempre la primera después de Dios, a su lado, recibiendo todo de él y por encima de cualquier otra criatura. Aparece, por tanto, compartiendo los cuidados y solicitudes del Rey por su reino. Como Madre de Dios-Hijo, se le llamó Reina, como hija de Dios-Padre, Princesa.

Los poetas le dedicaron sus obras. En México se popularizó desde el primer cuarto del siglo XIX una *Consagración a la Virgen* compuesta por el sacerdote iturbidista José Manuel Sartorio, que en una de sus partes reza:

A ti, celestial princesa,
Virgen sagrada María,
te ofrezco desde este día
alma, vida y corazón;
mírame con compasión,
no me dejes, madre mía.

En consecuencia, a través del tiempo se le ha mostrado ataviada con atributos de realeza. Coronas, diademas, cetros, mantos, le han sido impuestos en bajorrelieves, óleos, grabados, dibujos, bordados, estampados, esculturas y todo tipo de representaciones. El artista que daba forma a la imagen o quien la veneraba se encargaron de representarla con ellos.

Coronar a María fue expresar un concepto cristiano en un lenguaje simbólico universal. La corona significa dignidad, poder, fuerza, iluminación. Su forma —circular—, el lugar donde se coloca —la cabeza— y el material que se emplea —oro, por lo general— expresan el deseo de conferir a un ser humano ordinario una condición de preeminencia por el reconocimiento a su capacidad, virtud, heroísmo, prudencia, don de mando, ya sean estas cualidades propias o heredadas. Sus terminados en puntas aluden a la luz; cuando se cierra con un domo significa la soberanía absoluta. Se ha dicho que toda corona participa del fulgor y del simbolismo de la corona solar y constituye la representación por excelencia del grado más elevado de la evolución espiritual. Lo mismo pasa con el cetro que, como prolongación del brazo, manifiesta el poder y la autoridad, reproduce en miniatura un bastón de mando y se hermana con la costumbre de antiguas civilizaciones que conferían la columna del mundo a sus soberanos.

Por tradición, el acto de coronar va ligado al de conferir o reconocer, a partir de ahí, el poder de quien lo recibe. No fue ése el propósito que animó

a los cristianos que coronaron a Cristo —descrito en el Apocalipsis coronado— y a María. Si fueron coronados fue para dejar claro que Cristo y María eran reyes con un poder que no estaba en manos de los hombres discernir, ni reconocer, sino aceptar como algo previo y, en el caso de Cristo, eterno.

Pasado el tiempo, un noble de origen italiano, el conde Alejandro Sforza —conocido también como Esforcia— Palavicino, fundó al comenzar el siglo XVIII una obra que se propuso dar orden y realce en todo el mundo a las coronaciones de María y guardar memoria en un registro que se abrió en la

Basílica mayor del catolicismo, la de San Pedro en Roma. Todo "para promover el culto de la siempre Virgen Madre de Dios; y para alentar la piedad de los fieles con las imágenes de la misma Santísima Señora".

Para ello legó una parte de su fortuna. El cabildo de San Pedro debía recibir una solicitud y examinar su procedencia. Tres criterios habían de ser estudiados: la antigüedad en la veneración a la imagen, su popularidad y la cantidad de milagros atribuidos a su intercesión, aprobados por el obispo del lugar.

Si la solicitud era aceptada, se llevaba a cabo un acto solemne en que todo el público pudiera ser testigo, un acontecimiento semejante al que sólo veía en las pinturas. Tal acto solemne se hacía acompañar de procesiones por las calles y fiestas religiosas a las que el pueblo tenía pleno acceso, en que sus autoridades rendían tributo a la imagen y el santuario se veía honrado y singularizado. Un instructivo emitido en Roma durante el siglo XVIII por el mencionado cabildo acentuaba la necesidad de que "este acto celebrado en honor del Príncipe de los Apóstoles corresponda, como es

razón, en la pompa y lucimiento a nuestro deseo y principalmente a la dignidad de la Soberana Virgen María".

Las normas iban al detalle, cuidando lo que debía hacerse antes, durante y después de la coronación. Decían, "remitimos también el orden o fórmula que se ha de guardar en poner la corona de oro, o coronas en caso que esté juntamente con la Santísima Virgen la imagen de Jesucristo Señor Nuestro; como así mismo las armas que se han de grabar en una (o en ambas) de Nuestro Reverendísimo Cabildo, y del Conde Alejandro Sforza Palavicino, que fue el fundador de esta obra tan piadosa".

Hacia 1740 se calculaba que cada año, a partir de 1700, se había coronado una imagen de María con las solemnidades previstas. El cabildo de San Pedro mandaba fabricar la corona, delegaba a un canónigo para que acudiera a coronar la imagen, gestionaba del Papa favores especiales —generalmente indulgencias— para el día de la celebración y promovía con las autoridades religiosas del lugar la fundición de medallas, la pintura de lienzos y la impresión de estampas.

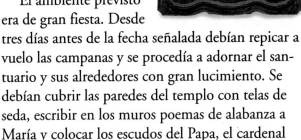

El ambiente previsto era de gran fiesta. Desde tres días antes de la fecha señalada debían repicar a vuelo las campanas y se procedía a adornar el santuario y sus alrededores con gran lucimiento. Se debían cubrir las paredes del templo con telas de seda, escribir en los muros poemas de alabanza a María y colocar los escudos del Papa, el cardenal

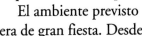

arcipreste de San Pedro y el canónigo delegado. La música cumplía un papel preponderante: coros e instrumentos diversos interpretaban himnos marianos. Se cantaba la misa, y se oraba por los presentes y por el eterno descanso del fundador

Alejandro Sforza Palavicino, por intercesión de María "Reina de Misericordia y graciosa Princesa".

El momento culminante de la coronación debía ser acompañado de clarines, tambores, repique de campanas y salvas de artillería. Por la noche seguían fuegos artificiales y durante los tres días posteriores se celebraban "misas solemnes, sermones panegíricos, composiciones retóricas, sagrados coloquios y otros conciertos de suaves y armoniosas consonancias". Se repartían estampas con la imagen coronada, de las cuales treinta debían hacerse en seda sobre tono amarillo o galón de oro o plata para los canónigos de San Pedro en Roma. Un gran lienzo debía enviarse a Roma para conservarlo en recuerdo del acontecimiento. Los responsables del templo prestaban juramento de que la corona permanecería en la cabeza de la imagen y, seguramente, todos guardaban en la memoria las palabras rituales de aquella coronación, esperando que se cumplieran:

> Así como por nuestras manos eres coronada en la tierra, así también merezcamos ser coronados de honor y gloria por Cristo en los cielos.

Llamar a María Madre, Señora, Reina, Emperatriz o Princesa parece
natural a un creyente que no puede conceder menor título a quien
aceptó ser Madre de su Creador y Redentor.

Coronas, diademas, cetros, mantos, le han sido impuestos en
bajorrelieves, óleos, grabados, dibujos y todo tipo
de representaciones.

Esta Ymagen Atiben
del Velo dela S.ma
de Cantabria Aparecio
del Virreyno...
el Abispo Fray...
Var Pablo Saluatierra
Amador al Deposi...

se aparecio a $\dot{o}$ de eno...

Se ha dicho que toda corona participa del fulgor y del simbolismo
de la corona solar y constituye la representación por excelencia
del grado más elevado de la evolución espiritual.

Los cristianos la llamaron Madre, la reconocieron
Virgen, la coronaron Reina.

O Beata Virgo Maria!

Tu gloria derusalem.

Quis ut Deus

S.ᵗ Gabriel.

Europa.

Asia.

America.

Africa.

La Divina Reyna Maria
SS.ᵐᵃ de la Aurora, que
deshierra las tinieblas de
la Heregia.

Por tuam Intercessionem, Ô Maria á Deo Recepimus Illuftrationem. ꝟₑ.

María no dudó en proclamar que Dios es vindicador de los humildes y de los oprimidos y derriba de sus tronos a los poderosos del mundo.

Así como por nuestras manos eres coronada en la tierra, así también merezcamos ser coronados de honor y gloria por Cristo en los cielos.

NON FECIT TALITER OMNI NATION

Madre de dioses y de hombres, de astros y hormigas, del maíz y del maguey ... madre-montaña ... madre-agua ... madre natural y sobrenatural, hecha de tierra americana y teología europea.
OCTAVIO PAZ

Desde los orígenes que conocemos, la devoción guadalupana fue vinculada con la realeza de María. El *Nican Mopohua* —Aquí se narra— atribuido a Antonio Valeriano se refiere a "la casita sagrada de la Niña Reina allá en el Tepeyac". También, citando palabras de Juan de Zumárraga, primer obispo y arzobispo de México, refiere que le dijo a Juan Diego: "Anda, vamos a que muestres dónde es la voluntad de la Reina del Cielo que le erija su templo."

Otra crónica, el libro de Miguel Sánchez *Imagen de la Virgen María Madre de Dios de Guadalupe*, mila-

grosamente aparecida en la Ciudad de México, publicado en 1648, se refiere a María, en el relato de la tercera aparición, de esta manera: "... con amable semblante y agradecidas caricias la Reina Purísima del cielo...", y pone en boca de Juan Diego el tratamiento a la Virgen de Señora mía, modo reverencial y honorífico reservado entonces a quien tenía algún poder. El poeta y sabio Carlos de Sigüenza y Góngora dice de la Guadalupana:

una Copia, una Imagen, un Traslado
de la Reina del Cielo más volado.

Casi todas las imágenes guadalupanas anteriores al siglo XIX que se conservan hacen lucir sobre la cabeza de Santa María de Guadalupe una corona.

A la par que Reina, Nuestra Señora de Guadalupe fue considerada Madre de los mexicanos y sobre esto abundan los textos en que se le confieren tales títulos. Todo parece indicar que los primeros en sentirse hijos de tal soberana fueron los indígenas y los primeros mestizos originarios de estas tierras.

Algunos autores destacan la presencia de datos simbólicos como la tez morena de la Virgen, y las rosas y las plumas de colores vinculadas al prodigio guadalupano, y los relacionan con el color de la piel de los nativos y con tradiciones mesoamericanas representativas de lo sagrado. También afirman que la reverencia con que se acercaron a quien consideraban madre e intercesora no ofrecía parangón ni equivalencia en la religiosidad prehispánica.

Entre los mexicanos fue, así, valor entendido esa doble condición. Quienes vinieron de fuera lo confirmaron no sin asombro. El primer testimonio es el de Juan Suárez de Peralta, quien en su *Tratado del descubrimiento de las Indias* señala la existencia de "una imagen devotísima que está de México como dos legüechuelas, la cual ha hecho muchos milagros ... Apareció entre unos riscos y a esta devoción acude toda la tierra."

En el siglo XVII, los teólogos y letrados tomaron la encomienda de interpretar el hecho guadalupano a la luz de la Revelación y la Patrística y de los principios de la Filosofía y la Teología. Carlos de Sigüenza y Góngora entonó

 sus encantos llamando a las rosas que, según la tradición, fueron transportadas en la tilma guadalupana *Primavera portátil*. También fue testigo ese siglo de la propagación de su culto. Durante la segunda mitad, dejó atrás las demás devociones; aun la más celebrada en sus primeros años: la Virgen de los Remedios, "la Conquistadora". Para entonces se decía: "no hay convento ni iglesia donde no se venere, y rarísima la casa y celda de religioso donde no esté su copia". En 1671, la reina gobernadora Mariana de Austria escribió que no había ciudad de Nueva España en que no tuviera "capilla especial Nuestra Señora de Guadalupe" y el provincial de los jesuitas Francisco de Florencia afirmaba que cada pueblo y casa de la misma tenían una reproducción de la imagen.

En cambio, el siglo XVIII sería un siglo de consagración de la Guadalupana. En 1737, fue llevada en procesión por las calles y proclamada Patrona de la Ciudad de México, y nueve años después, de todo el reino de la Nueva España. En 1754 el papa Benedicto XIV aprobó el patronato; autorizó la traslación de su fiesta al 12 de diciembre y le concedió misa y oficio propios.

Ya antes, en ese mismo siglo, el italiano Lorenzo Boturini Benaduci, Señor del Castillo de Hom, vino a México en 1736 y, al parecer, quedó maravillado con el prodigio que conoció en el Tepeyac, pues al poco tiempo de su llegada se desató la aterradora epidemia que sólo cesó con la jura del patronato guadalupano. Familiarizado con la fundación del legado del conde Sforza Palavicino, decidió poner en marcha el procedimiento para coronar la imagen de la Guadalupana, a pesar de que la Virgen ya lucía una corona que no había tenido que pasar más trámite que la decisión espontánea de un pueblo.

Boturini solicitó el 18 de julio de 1738 la anuencia del cabildo vaticano para coronar solemnemente la imagen de Santa María de Guadalupe. El permiso llegó dos años después. La licencia se otorgó por única ocasión de manera extraordinaria. No existía solicitud del arzobispo de México, por entonces Juan Antonio Vizarrón y Eguiarreta, ni de la ciudad de México para comprobar "antigüedad de la imagen, frecuencia del pueblo y muchedumbre de milagros", como establecían las normas. El cabildo vaticano pidió al arzobispo que se encargara de subsanar estas faltas y lo delegó para proceder a la coronación. Concedía, por otra parte, el permiso, pero no enviaba la corona, que debería costearse en México y forjarse siguiendo las normas establecidas por el cabildo de San Pedro.

Boturini inició una colecta entre dignatarios eclesiásticos y particulares. Pretextando la imposibilidad de acudir a España por la guerra que ésta libraba con Inglaterra y por los numerosos piratas en el Atlántico, solicitó el permiso de coronación a la Real Audiencia de México, la cual lo concedió de inmediato. Esto irritó al virrey Conde de Fuenclara, quien prohibió el acto, mandó encarcelar a Boturini y decomisó los fondos de la colecta. Boturini salió de la Nueva España en 1744 y no regresó más a México, a pesar de que fue rehabilitado y se le otorgó permiso para hacerlo.

Después de ese intento pasaron más de cien años. El guadalupanismo continuó creciendo entre todos los grupos sociales. Los mexicanos que salían del país la llevaban impresa en su recuerdo. El jesuita michoacano Diego José Abad escribió desterrado en Italia *Nostalgia del Tepeyac*, en donde le dice a la Virgen:

> No hay en el orbe nada más amable
> ni más hermoso. ¡Cómo, oh Virgen, me parece
> que te estoy viendo aún! Lo que es posible,
> hago, Señora. Lleno de recuerdos,
> con el rostro postrado, a Ti, bellísima
> Virgen, de aquí te mando mis suspiros
> frecuentes; hasta Ti sólo ellos pueden
> llegarse, y ellos llegarán veloces.

La muy Ilustre y Venerable Congregación Eclesiástica de presbíteros seculares de Santa María de Guadalupe de México, fundada en el siglo XVII en favor de su servicio y cultos, para el XIX ya había tenido en sus filas a buen número de canónigos, curas párrocos, nobles, obispos, arzobispos y virreyes.

Miguel Hidalgo y Costilla inaugura la práctica de "fervor religioso y entusiasmo patriótico" al izar la imagen de la Guadalupana como bandera de la insurgencia; hasta antes de su fusilamiento, llevó una estampa de la Virgen zurcida a sus ropas. Los historiadores han dado cuenta del acendrado guadalupanismo de José María Morelos y Pavón. Aún se conserva al frente de la que fue su casa en

Valladolid, hoy Morelia, la escultura guadalupana que él mandó poner, como lo siguen haciendo hoy en día tantos mexicanos. La organización clandestina que apoyó la guerra por la independencia se llamó Los Guadalupes. Durante el primer imperio, Agustín de Iturbide creó

la Orden de Guadalupe. El primer presidente cambió su nombre, José Miguel Fernández Félix, por el de Guadalupe Victoria. Todas las facciones la invocarían. Antonio López de Santa Anna restauró la Orden de Guadalupe, como también lo haría Maximiliano de Habsburgo. El reformador Guillermo Prieto pedía a la Virgen en un soneto

Piedad para tus hijos, ¡Madre amante!

Ampara a nuestra patria, que rendida,

clama paz con acento agonizante;

y Tú, la excelsa, la de luz vestida,

alza, oh Madre de Dios, alza triunfante

la causa de los libres, tan querida.

Y el liberal Ignacio Manuel Altamirano proclamó "la igualdad ante la Virgen", como el último vínculo que unía "en los casos desesperados" a los mexicanos. Benito Juárez cuidó que las Leyes de Reforma no dañaran el santuario del Tepeyac ni el "calendario emocional" de los mexicanos; no tocó sus bienes y mantuvo el 12 de diciembre como fiesta oficial.

*

Los procedimientos cambiaron en Roma al terminar el siglo XIX. México no sólo había consumado su independencia, sino vencido las últimas invasiones extranjeras; después de un siglo caótico, vivía un periodo de paz. Se dice que, en 1886, estando reunidos en Michoacán para coronar pontificiamente la imagen de Nuestra Señora de la Esperanza o de la Raíz de Jacona, varios prelados mexicanos se propusieron hacer un nuevo intento, y ese año solicitaron al papa León XIII conceder "la facultad de coronar con corona de oro la milagrosa imagen de la Santísima Virgen en su advocación de Guadalupe".

El Papa respondió el 8 de febrero de 1887 accediendo "gustosamente a tan ardiente deseo" y, considerando como suspenso el acto ciento cuarenta y siete años, dio autorización para celebrarlo el siguiente mes de diciembre, que coincidía con su quincuagésimo aniversario de ordenación sacerdotal. La intención de acercar al Papa al Tepeyac tenía por lo menos un precedente. En febrero de 1849, el periódico de inspiración católica *La Voz de la Religión* comunicó a los mexicanos que la noche del 24 de noviembre del año anterior, el papa Pío IX se había visto obligado a huir de Roma "disfrazado de lacayo ... sentado al lado de un cochero" para salvar su vida, creyéndola amenazada por los partidarios del establecimiento de una república. El periódico también informaba que el presidente José Joaquín de Herrera había ofrecido al Papa, de inmediato, la hospitalidad del país y enviado un donativo de veinticinco mil pesos, asegurándole que

encontraría en México siete millones de hijos llenos de amor y veneración hacia su sagrada persona; y que tendrían a ventura recibir inmediatamente de sus manos la bendición paternal.

Según la misma publicación, varios grupos secundaron al presidente y escribieron al Papa; uno de ellos le decía:

Ven a México, Santísimo Padre de los fieles cristianos: tus mexicanos tienen un lugar santo que ofrecerte: el TEPEYAC, consagrado con la presencia de la Reina de los Ángeles y de los hijos de Moctezuma, será tu asiento; allí iremos todos a besar tus plantas venerables.

La coronación debió quedar de nuevo en suspenso mientras se remodelaba el santuario guadalupano, aunque esta vez hubo que esperar sólo ocho años. En tanto, murió el más importante entre los firmantes de la solicitud: el michoacano Pelagio Antonio de Labastida y Dávalos, arzobispo de México.

Pelagio Antonio de Labastida y Dávalos

En 1895, por fin, se consumó el anhelo. La fiesta se generalizó. La ciudad de México y todas las ciudades de la República celebraron el acontecimiento. El sábado 12 de octubre, a las 11:45 de la mañana, Próspero María Alarcón y Sánchez de la Barquera, arzobispo de México, en nombre y con la autoridad del romano Pontífice, ayudado por José Ignacio Arciga y Ruiz de Chávez, arzobispo de Michoacán, coronó a María, Señora de Guadalupe, Reina de México por siempre. A iniciativa del obispo de Querétaro, Rafael Sabás Camacho, todos los obispos presentes depositaron sus báculos y mitras a los pies de la imagen guadalupana. También

ILMO. SR. DR. D. PROSPERO MARIA ALARCON,
ARZOBISPO DE MEXICO.

propuso, y fue aceptado, que cada diócesis mexicana visitara en peregrinación anual el Tepeyac.

El acto se repitió en santuarios de todo el país. La imagen salió del templo. El pueblo se postró para venerarla y la coronó en las calles. Volcó su imaginación para alabarla en público. Su corazón la guardó en lo íntimo. La refrendó su símbolo: de religiosidad, desde que comenzó a rendirle culto; de libertad, como quedó plasmada en las luchas de los revolucionarios que encabezó Hidalgo o de los guerrilleros campesinos que

siguieron a Zapata; de liberación, como lo intuye cuando la invoca como Reina, como Madre, como Felicidad de México. Reina, Madre y Felicidad emergen de una "esperanza colectiva en la recuperación de un paraíso perdido".

Ya coronada en sublime apoteosis, síntesis histórica y exaltación del destino de México, el historiador y político José López Portillo y Rojas exclamó a la Virgen de Guadalupe:

¡Esplende, oh Reina, sobre el ara santa
Que el pueblo te levanta
Con óbolo filial en sacro monte,
Y triunfa desde allí, vence y deslumbra
Como el sol nos alumbra
Desde su trono azul del horizonte!
Y desde allí también, alza y sublima
De la historia a la cima
Al pueblo que te debe la victoria.
¡Y el águila de Anáhuac altanera
Llevará por doquiera
La fama de tu nombre y nuestra gloria!

No quedó en México lugar sin la presencia de Santa María de Guadalupe: en los pechos, resplandeciente en medallas; atenta al trabajo en talleres y fábricas; amorosa en las cabeceras de las camas; vigilante en los pórticos, las calles, los caminos, los transportes; providente en los mercados y espacios públicos; compañera en las luchas cívicas; bautizante en los nombres de sus pueblos y habitantes; confidente en sus bolsillos; bálsamo en sus penas; testigo en sus fechorías; habitante de todos sus climas; huella de todos sus pasos.

Primera y última de sus abogadas, Madre universal, trascendió las fronteras de México y fue llamada Emperatriz de América. La donante generosa aparecía prefigurada en una pregunta que forma parte del relato del *Nican Mopohua*,

¿no soy yo la fuente de tu alegría?

Reina, Madre y Felicidad, objeto de intensa y perdurable devoción, brota de una certeza que el pueblo practica cuando la visita, cuando la llama,

cuando le baila, cuando le llora y, sin saberlo, dice la misma oración que Dante le compuso a María:

oh Reina celestial
que logras cuanto quieres.

El pueblo mexicano, feliz y floreciente,
Por ti así permanezca,
Y mediante el auxilio que benigna le prestas
Conserve con tenaz firmeza la fe de Cristo.

León XIII

Joseph Mde.f.^t 1720.

México envió a Europa la más grande de las famas, el más sonado de
los portentos, consuelo y devoción universal de estas tierras, dulce
imán de los afectos de todos los americanos:
Santa María de Guadalupe.

Y si injusto enemigo procura
Humillar nuestra frente, ¡victoria!
Haz que cante, brillando de gloria,
La nación que tu amor eligió.
Himno Guadalupano

Una Copia, una Imagen, un Traslado
de la reina del Cielo más volado.
Carlos de Sigüenza y Góngora

Y Tú, la excelsa, la de luz vestida,
alza, oh Madre de Dios, alza triunfante
la causa de los libres, tan querida.

Guillermo Prieto

COLOQUIO PARA CELEBRAR
LAS APARICIONES
DE LA VIRGEN DE
GUADALUPE

¿No estás en el hueco de mi manto,
en el cruce de mis brazos?
Nican Mopohua

APÉNDICES

BIBLIOGRAFÍA

Me confieso en deuda grave con los estupendos ensayos sobre el tema guadalupano del historiador inglés David Anthony Brading, con la generosidad de Alfredo Zalce, con el imprescindible trabajo de Edmundo O'Gorman, y con las inteligentes reflexiones de Enrique Krauze y Octavio Paz.

● *Álbum de la Coronación de la Santísima Virgen de Guadalupe*, dos partes (México, 1895-1896). ● ALIGHIERI, Dante, *La Divina Comedia*, trad. de J.A.R. Musa, s.l., s.f. ● ALTAMIRANO, Ignacio Manuel, *Obras completas* (México, 1986-1988). ● BARBERO, Estela R., *María en América* (Buenos Aires, 1993). ● BARTHE, Eduardo, *Letanías de la Santísima Virgen*, trad. de F. José Ruiz (México, 1852) ● BECERRA TANCO, Luis, *Felicidad de México en el principio y milagroso origen que tuvo el santuario de la Virgen María N. Señora de Guadalupe*, 2a. ed. (México, 1675). ● *Biblia de Jerusalén* (Bilbao, 1967) ● BRADING, David A., *Orbe Indiano. De la monarquía católica a la República criolla. 1492-1867*, trad. de Juan José Utrilla (México, 1991). ● *Catecismo de la Iglesia Católica*, 3a. ed. (Bilbao, 1992). ● CHEVALIER, Jean y Alain Gheerbrant, *Diccionario de los símbolos* (Barcelona, 1988). ● *Crónica de la solemne coronación de la imagen de Ntra. Sra. de la Salud de Pátzcuaro* (Morelia, 1899). ● DACIO, Juan, *Diccionario de los papas* (Barcelona, 1963). ● DÁVILA GARIBI, J. Ignacio, *Aventuras de Jerónimo de Aguilar*, 2a. ed. (Guadalajara, 1913). ● DE BERRIOZÁBAL, Juan Manuel, *La nueva cristiada de Hojeda, poema épico sacro sobre la pasión del Redentor, precedida de un discurso preliminar* (Madrid, 1841). ● DE FLORENCIA, Francisco, *Origen de los dos célebres santuarios de la Nueva Galicia* (México, 1757). ● DE LA BROSSE, Olivier *et al.*, *Diccionario del Cristianismo* (Barcelona, 1986). ● DE LA MAZA, Francisco, *El guadalupanismo mexicano* (México, 1984). ● DE LA TORRE VILLAR, Ernesto y Ramiro Navarro de Anda, *Testimonios históricos guadalupanos* (México, 1982). ● DE LIGORIO, Alfonso María, *Las glorias de María*, trad. de Agustín de Arqués y Jover, José María de Mora y Joaquín Roca y Cornet (Braine-le-Comte, s.f.). ● DE MENA, José María, *La Virgen Guadalupana en Sevilla*, ms. (Sevilla, 1995). ● DE ROBLES, Antonio, *Diario de sucesos notables (1665-1703)*, edición de Antonio Castro Leal (México, 1946). ● DE SAHAGÚN, Bernardino, *Historia General de las cosas de Nueva España* (México, 1982). ● DE SAJONIA, Jordán, *Vida de Santo Domingo de Guzmán, fundador de la orden de predicadores*, traducida y anotada por el P. Getino (Vergara, 1916). ● DE SIGÜENZA Y GÓNGORA, Carlos, *Primavera Indiana*, ● DENZINGER, Enrique, *El magisterio de la Iglesia. Manual de los símbolos, definiciones y declaraciones de la Iglesia en materia de fe y costumbres*, versión de Daniel Bueno Ruiz de la 31a. ed. del *Enchiridion Symbolorum* (1958), (Barcelona, 1963). ● DÍAZ DEL CASTILLO, Bernal, *Historia verdadera de la conquista de Nueva España*, edición, índices y prólogo de Carmelo Sáenz de Santa María (México, 1991). ● *Diccionario enciclopédico de la Fe Católica*, trad. de Pedro Zuloaga y Carlos Palomar (México, 1953). ● *El Mensajero Mariano*, tomo III, núm. 10 (México, 1920). ● F.T.D. *Colección de cantos sagrados populares para uso de las iglesias y colegios católicos* (Tlalpan, 1911). ● FLORESCANO,

Enrique, *Memoria mexicana*, 2a. ed. (México, 1994). ● GALLEGOS ROCAFULL, José María, *Breve suma de Teología Dogmática* (México, 1945). ● GARCÍA AYLUARDO, Clara y Manuel Ramos Medina, *Manifestaciones religiosas en el mundo colonial americano* (México, 1994). ● GARRIGOU-LAGRANGE, Réginald, o.p., *La Madre del Salvador y nuestra vida interior*, mariología y versión de José López Navío (Buenos Aires, 1947). ● GONZÁLEZ MORENO, Joaquín, *Iconografía guadalupana en Andalucía* (Jerez de la Frontera, 1992). ● GOSSEN, Gary H., *South and Mesoamerican Native Spirituality* (New York, 1993). ● GRUZINSKI, Serge, *La guerra de las imágenes. De Cristóbal Colón a "Blade Runner" (1492-2019)*, (México, 1994). ● GUILLON, Marie-Nicolas-Sylvestre, *Bibliothèque choisie des pères de l'Église grecque et latine, ou cours d'éloquence sacrée*, 25 vols. (París, 1834). ● GUTIÉRREZ CASILLAS, José, *Historia de la Iglesia en México* (México, 1984). ● HOPPENOT, J., *La Sainte Vierge dans la tradition, dans l'art, dans l'âme des saints et dans notre vie* (París, 1904). ● *Interpretación clara y sencilla, o sentido propio, y literal en una paráfrasis continuada de los Salmos de David, y cánticos sagrados, con el argumento de cada uno* (Madrid, 1787). ● JUAN PABLO II, *Cruzando el umbral de la esperanza*, ed. por Vittorio Messori, trad. de Pedro Antonio Urbina (México, 1994)._____, *Redemptoris Mater, carta encíclica sobre la Bienaventurada Virgen María en la vida de la Iglesia peregrina* (México, 1987). ● *La esposa cristiana. Oraciones y prácticas devotas para la santificación de la esposa* (Milán, 1900). ● *La Voz de la Religión*, tomo II (México, 1849). ● LEFEBVRE, Gaspar, *Misal diario y vesperal* (Bilbao, 1962). ● *Lumen Gentium. Constitución dogmática sobre la Iglesia*, 15a. ed. (México, 1995). ● MARTÍNEZ DE ANTOÑANA, Gregorio, *Misal Romano* (Madrid, 1956).

● O'GORMAN, Edmundo, *Destierro de sombras. Luz en el origen de la imagen y culto de Nuestra Señora de Guadalupe del Tepeyac* (México, 1986). ● ORSINI, Abate, *La Virgen. Historia de la madre de Dios y de su culto, completada por las tradiciones de oriente, los escritos de los santos padres y de la historia particular de los hebreos*, trad. de J.I. de Amievas (México, 1853). ● PABLO VI, *Exhortación apostólica Marialis Cultus* (México, 1974). ● PAZ, Octavio, *Entre orfandad y legitimidad*, prefacio a la obra *Quetzalcóatl y Guadalupe* de Jacques Lafaye (México, 1995). ● POMPA Y POMPA, Antonio, entrevista en *Un pueblo que camina*, video de Juan Francisco Urrusti (México, 1990). ● *Sagrada Biblia*, versión sobre los textos originales, introducción y notas bajo la dirección de Pedro Franquesa y José Ma. Solé, 3a. ed. (Barcelona, 1967). ● SÁNCHEZ, Miguel, *Imagen de la Virgen María Madre de Dios de Guadalupe, milagrosamente aparecida en la Ciudad de México, celebrada en su historia, con la profecía del capítulo doce del Apocalipsis* (México, 1648). ● SANCTI BERNARDI, *Opera Omnia* (Padua, 1724). ● *Siete sermones guadalupanos (1709-1765)*, selección y estudio introductorio de David A. Brading (México, 1994). ● SINEUX, Raphael, *Los doctores de la Iglesia* (México, 1980). ● TIBÓN, Gutierre, entrevista en *Un pueblo que camina*, video de Juan Francisco Urrusti (México, 1990). ● VALERIANO, Antonio, *Nican Mopohua*, trad. de Mario Rojas Sánchez (México, 1978). ● VARGAS UGARTE, Rubén, *Historia del culto de María en Iberoamérica y de sus imágenes y santuarios más celebrados*, 2 tomos, 3a. ed. (Madrid, 1956). ● VERA, Fortino H., *Colección de Documentos Eclesiásticos de México, o sea antigua y moderna legislación de la Iglesia Mexicana* (Amecameca, 1887). ● VILLORO, Luis, entrevista en *Un pueblo que camina*, video de Juan Francisco Urrusti (México, 1990). ● VON RUDLOF, León, *Breve Teología para laicos* (Buenos Aires, 1947). ● ZAID, Gabriel, *Ómnibus de poesía mexicana* (México, 1971). ● ZELAA E HIDALGO, Joseph María, *Glorias de Querétaro, en la fundación y admirables progresos de la muy I. y Ven. congregación eclesiástica de presbíteros seculares de María Santísima de Guadalupe de México* (México, 1803).

CRÉDITOS FOTOGRÁFICOS

p.= página; **a**= arriba; **ab**= abajo

p.2: Virgen de Guadalupe, Museo Franz Mayer (MFM), **p.3:** Corona de la V. de Guadalupe, utilizada el 12 de octubre de 1885, Museo de la Basílica de Nuestra Señora de Guadalupe (MBNSDG), **p.5:** V. de Guadalupe (MFM), **p.6:** La resurrección de Cristo, Pinacoteca Virreinal de San Diego (PVSD), **p.7:** Portadilla del libro *Felicidad de México*, Centro de Estudios Históricos de México-CONDUMEX, **p.8:** Papa Juan Pablo II (MBNDSG), **p.9a:** Diadema ofrecida a la V. de Guadalupe por el papa Juan Pablo II (MBNDSG), **p.9ab:** Corona (MFM), **p.10a:** Corona (MFM), **p.10ab:** Corona (MFM), **p.11:** Virgen del Rosario (MFM), **p.12a:** Monograma de Jesús, Museo Nacional del Virreinato-Ex Colegio de Tepotzotlán (MNV-ECT), **p.12ab:** Monograma de María (MNV-ECT), **p.13a:** Virgen de Jasna Góra, Iglesia de Nuestra Señora de Chestojova, **p.13ab:** Nuestra Señora de Lourdes, Iglesia de Nuestra Señora de Lourdes, **p.14:** Monograma de la Virgen, Colección Fausto Zerón-Medina (CFZM), **p.15:** El Papa León XIII (MBNDSG), **p.16:** Corona (MFM), **p.17:** Árbol genealógico de la Virgen (CFZM), **p.18:** San Joaquín (MNV-ECT), **p.19:** Santa Ana (MNV-ECT), **p.20:** Nacimiento de la Virgen (MNV-ECT), **p.21:** Presentación de la Virgen al templo (MNV-ECT), **p .22:** Santa Ana le enseña a leer y a escribir a la Virgen María, Colección Felipe Siegel, Ana y Andrés Siegel (CFSAAS), **p.23:** Desposorios de la Virgen (MNV-ECT), **p.24:** La anunciación, Ex Convento de Guadalupe Zacatecas (ECGZ), **p.25:** La visitación (ECGZ), **p.26-27:** Pidiendo posada, Catedral de Puebla, **p.28:** El nacimiento de Cristo (ECGZ), **p.29:** Adoración de los pastores (MNV-ECT), **p.30:** Adoración de los Reyes (MNV-ECT), **p.31:** La circuncisión (MNV-ECT), **p.32:** La presentación al templo (PVSD), **p.33:** Crucifixión, Colección Jesús Robles Martínez, **p.34:** La piedad (MFM), **p.35:** Virgen de los Dolores, Catedral de San Cristóbal de las Casas, **p.36:** El Pentecostés, Pinacoteca de la Iglesia de la Profesa (PIP), **p.37:** La asunción de la Virgen (PVSD), **p.38:** Alegoría novohispana de la devoción mariana, Ex Convento de San Nicolás Actopan, Hidalgo, **p.39:** Corona (MFM), **p.40:** El salve (CFZM), **p.41:** Corona (MFM), **p.42:** Virgen en el estandarte de Hernán Cortés, Biblioteca de Arte Ricardo Pérez Escamilla (BARPE), **p.43:** Virgen de la Caridad del Cobre, Colección José Ignacio Vasconcelos (CJIV), **p.44:** Nuestra Señora de San Juan de los Lagos (CFZM), **p.45a:** Purísima Concepción (BARPE), **p.45ab:** Nuestra Señora de los Ángeles, Antigüedades Rodrigo Rivero Lake (ARRL), **p.46a:** Virgen María en una carabela (ARRL), **p.46ab:** Nuestra Señora de San Juan de los Lagos (ARRL), **p.47a:** María Santísima de Guanajuato (ARRL), **p.47ab:** Virgen de los Remedios (BARPE), **p.48:** V. de Guadalupe (CFSAAS), **p.49:** Virgen con el niño, Colecciones Especiales Biblioteca México (CEBM), **p.50:** V. de Guadalupe (MFM), **p.51:** V. de Guadalupe, Colección Lourdes Almeida (CLA), **p.52a:** V. de Guadalupe, Colección Francisco Reyes Palma (CFRP), **p.52ab:** Corona (MFM), **p.53:** V. de Guadalupe (MBNDSG), **p.54:** La Virgen de los Mareantes, Colección Xavier Escalada, **p.55:** Nuestra Señora del Pilar, Pinacoteca de la Iglesia de la Enseñanza (PIE), **p.56:** V. de Guadalupe, Colección Museo América de Madrid, España, **p.57:** Nuestra Señora del Rosario, Archivo General de la Nación, **p.58:** La Inmaculada Concepción (MFM), **p.59:** La Virgen del Monte Carmelo (ECGZ), **p.60:** La Virgen de la Leche, Iglesia de Santo Domingo, México, **p.61:** Virgen de Belén (CJIV), **p.62:** Virgen de Zapopan, Colección Fernando Juárez Frías y Señora (CFJFS), **p.63:** La Virgen de la Gracia (PVSD), **p.64:** Nuestra Señora de Zacatecas (ECGZ), **p.65:** La Virgen de Zacatecas (MNV-ECT), **p.66:** La Virgen de la Soledad, Museo Religioso de la Soledad, Oaxaca, **p.67:** Nuestra Señora del

Felicidad de México
de Fausto Zerón-Medina, tributo a la
devoción del pueblo mexicano al cumplirse
cien años de la coronación de María Señora de
Guadalupe, se terminó de imprimir en los talleres
de Productora, Comercializadora y Editora de
Libros, S.A. de C.V., el martes 15 de agosto
de 1995, fecha en la que el catolicismo
celebra la Asunción de María a los
cielos en cuerpo y alma.